Wolfgang Kopp

Erleuchtete Dimensionen der Wirklichkeit

Wolfgang Kopp

Erleuchtete Dimensionen der Wirklichkeit

Aquarelle und Aussprüche eines Zen-Meisters

Ansata

Deutsche Erstveröffentlichung 1995

Rosenstraße 24, CH-3800 Interlaken

Gesamtherstellung: Kösel, Kempten

ISBN 3-7157-0192-7

Inhalt

Dank 7

Hinführung zum näheren Verständnis der Bilder 9

Vorspruch 14

Aquarelle und Aphorismen 15

Samsara und Nirvana sind eins 16

Die grenzenlose Weite des Kosmischen Geistes 18

Die Welt der eigenen Projektionen 20

Das strahlende Licht des Herzens 22

Die Illusion der Persönlichkeit 24

Die Wirklichkeit des Seins 26

Werde lebendig 28

Das innere Schweigen vor dem Unendlichen 30

Der Aufgang des inneren Lichtes 32

Der Kosmische Geist, der Schöpfer aller Dinge 34

Geburt und Tod bedingen einander 36

Das strahlende Lotusland 38
Die dynamische Natur des Universums 40
Alles ist der Eine Geist 42
Der Trug der vielheitlichen Welt 44
Die Wirklichkeit hinter den Erscheinungen 46
Die Wahrheit des Todes 48
Die Selbstentfaltung des Einen Geistes 50
Alles ist nur Traumgebilde 52
Die grenzenlose Freude des Seins 54
Jenseits aller Symbole 56
Die untrennbare Einheit von Leben und Tod 58
Eintritt in die grenzenlose Dimension der Ewigkeit 60
Die allumfassende Ganzheit des Seins 62
Die nicht-unterscheidende Betrachtungsweise des Zen 64

Widmung 67

Dank

All denen, die an der Fertigstellung und Herausgabe dieses Buches beteiligt waren, sei herzlich gedankt.

Ganz besonders danken wir dem Verleger des Ansata-Verlages, Paul A. Zemp, der mit großer Einsatzbereitschaft keine Kosten und Mühen scheute, dieses Werk zu fördern. Als er die Aquarelle von Zen-Meister Wolfgang Kopp zum erstenmal sah, erkannte er gleich die große mystische Aussagekraft der Bilder. Er war sich sogleich ihres ungeheuren Wertes für alle geistig Suchenden bewußt und entschied sich deshalb sofort für ihre Veröffentlichung.

Die Herausgeber
Tao Chan Zentrum Wiesbaden

Hinführung
Zum näheren Verständnis der Bilder

Die in diesem Buch gesammelten Aquarelle von Zen-Meister Wolfgang Kopp sind in ihrer Art einzigartig und eröffnen uns einen neuen Weg zur Selbstfindung. Deshalb ist dies ein Buch für alle geistig Suchenden, die den Wunsch haben, auf meditative Weise mit dem Geheimnis ihres Seins in Berührung zu kommen.

Jedem dieser in diesem Buch gesammelten herrlichen Aquarelle hat Zen-Meister Wolfgang Kopp einen Begleittext in der Art eines Aphorismus beigefügt. Dieser Begleittext sollte aber nicht als Kommentar zum Bild verstanden werden. Er soll vielmehr im Einklang mit dem Bild, wie ein Fenster nach innen, Einblick in die *Dimensionen der Wirklichkeit* gewähren.

Die kurzen aphoristischen Texte sind von solch einer geballten mystischen Aussagekraft erfüllt, daß sie uns in unserem Allerinnersten zu treffen vermögen, so daß sich der Geist blitzartig erhellt. Oft wird hierbei die Logik unseres begrifflichen, unterscheidenden Denkens zertrümmert, auf daß wir fähig werden, die Wahrheit jenseits aller Worte zu erfassen.

Ebenso wie die Aphorismen künden auch die Aquarelle von jener Dimension, die «jenseits all dessen liegt, was Sinne und Verstand zu fassen vermögen». So offenbart sich hier, durch das künstlerische Ausdrucksmittel von Form und Farbe, jene allem zugrundeliegende Wirklichkeit, die *jenseits* aller Form und Farbe liegt. Meister Kopps Aquarelle sind von strahlender Leuchtkraft und gläserne Durchblicke erlaubender Transparenz der Farbe. Es sind wahre Wunderwerke künstlerischen Schaffens, die weit über das hinausgehen, was ein ichhaftes Bewußtsein jemals hervorbringen könnte. In ihrer geheimnisvollen mystischen Wirkung rühren sie uns in unserem Allerinnersten an und vermitteln uns eine Ahnung von der Wirklichkeit unseres Wahren Seins.

Was dem Betrachter bei diesen mit spontaner Expressivität gemalten Bildern zunächst auffallen mag, ist das Fehlen der sogenannten «natürlichen» oder «konkreten» Formen, an die er gewöhnt ist. Und je mehr er sich bemüht, solche Formen zu finden oder sie sogar in das Bild hineinzuprojizieren, desto weniger wird er den erleuchteten Geisteszustand, aus dem das Bild entstand, verstehen.

Aber gerade die *nichtgegenständliche, sehr spontane Malweise* ermöglicht es Zen-Meister Wolfgang Kopp, das nicht Ausdrückbare auszudrücken. Seine lebendige und schöpferische Pinselführung läßt einen Maler erkennen, der tiefstes spirituelles Empfinden mit höchster künstlerischer Meisterschaft verbindet. Äußerste formale Meisterschaft, als Ergebnis jahrelanger technischer Vervollkommnung, vereint sich hier mit höchster Inspiration. Das Ergebnis sind geheimnisvoll leuchtende Aquarelle von ungeheurer Wirkung und spiritueller Tiefe.

Der schöpferische Akt des Malens ist für Meister Kopp etwas sehr Natürliches, das spontan seinem erleuchteten Bewußtseinszustand entspringt. Die Art seines Malens ist spontan und kontrolliert zugleich. Das Auftragen der Farbe geschieht in äußerster Konzentration und meditativer Stille, wobei sich der Pinsel zuweilen sehr langsam, doch dann wieder mit einer erstaunlichen, nahezu mühelosen Schnelligkeit bewegt. In der Handhabung des Pinsels gibt es keine Absicht und kein Zögern. Hand und Geist sind vereint, so daß Verstand oder Emotionen nicht störend eingreifen können.

Diese lebendige, *schöpferische Pinselführung* läßt in ihrer Direktheit die unmittelbare Reflexion aus dem Inneren des Künstlers erkennen. Die Pinselführung entspricht jener der alten chinesischen und japanischen Zen-Maler, die mit wenig Strichen und oft geradezu ungestümem Pinseleinsatz das Wesentliche auszusagen wußten. Ihre sehr spontane Malweise wie auch die abstrakte Form ihrer Bilder brachten das Zen auf eine Weise zum Ausdruck, wie es Worte nicht vermögen. Wenn die alten Zen-Meister malten, so geschah es nicht, um Bilder zum Zweck kunstästhetischer Betrachtung zu malen. Ihre Bilder waren vielmehr, wie auch die Aquarelle von Zen-Meister Kopp, Ausdruck ihres inneren Erlebens der Wirklichkeit und zugleich ein wunderbares Mittel, den Menschen einen Zugang zu ihrem Wahren Selbst zu öffnen. Dies bekunden uns auch die Worte des chinesischen Kunsthistorikers Chang Huai aus dem 8. Jahrhundert:

> Wer die Wirklichkeit des Tao erreicht hat, dessen Pinsel wird auf geheimnisvolle Weise mit Bewegung und Stille harmonieren, und alle Formen werden hervortreten. Durchdrungen vom Lebenshauch, kann er mit einer einzigen Bewegung das wahre Wirken von Himmel und Erde bezeugen.

Meister Kopps Aquarelle hängen nicht von einer ihnen unterlegten oder ihnen aufgezwungenen Idee ab. In ihnen wird nichts nachgeahmt. Die transparenten Farben und aufgelösten Formen fügen sich wie selbstverständlich zusammen und folgen keinem rational kalkulierten Ordnungsprinzip oder Kompositionsschema. Sie folgen vielmehr einer *inneren Logik und Notwendigkeit.* Dadurch ergeben sich die subtilen Spannungsverhältnisse zwischen Hell und Dunkel, zwischen Farbe, Linie und der weißen Fläche des Hintergrundes und somit zwischen Erscheinung und Raum. So drängt sich uns das Gefühl auf, daß etwas *Unfaßbares* aus dieser Spannung zwischen Form und Formlosem, zwischen Sichtbarem und Unsichtbarem hervorquillt.

In Meister Kopps Bildern von geheimnisvoller Räumlichkeit sind die zerfließenden, von pulsierendem Leben erfüllten Formen vorherrschend. Es sind Formen, die in einer rhythmischen Bewegung ausschwingen, so daß Raum und Form sich gegenseitig durchdringen und einander erschaffen. Auf diese Weise stellt sich uns die Auflösung der Form zur Nichtform, der Materie in die *Leerheit des Geistes* dar. Und so gleiten in den Aquarellen die dargestellten Erscheinungen verschwebend in den Bereich des leeren Grundes über, aus dem sie hervorgingen und in den sie wieder zurückzutauchen scheinen. Die Formen scheinen *entmaterialisiert zu entschweben,* um im leeren Grund der transzendenten jenseitigen Sphäre aufgehoben zu sein.

Dieser *leere Grund* ist jene Wirklichkeit, die durch die Transparenz aller Formen und Farben und somit durch alle Erscheinungen hindurchleuchtet. Hier zeigt sich auch die tiefe Bedeutung des Aussparens und Leerlassens in den Aquarellen des Meisters. Das Verschwiegene, das Nichtausgesagte ist für das Verständnis wichtiger als das Gesagte. Diese *Reduktion der Dinge auf ihre Wesenheit* ist auch der Kern der Zen-Malerei, die sich nicht mit den mit den Sinnen wahrgenommenen Erscheinungen befaßt, sondern mit jener absoluten Realität, die *hinter* allem liegt.

Die in Meister Kopps Malweise hervorstechende Eigenart des *Schwebens* und *Verschwebens,* die das Bestimmte in das Unbestimmte, das Gestaltete in das Ungestaltete zurückzunehmen scheint, ist Ausdruck höchster mystischer Seins-Erfahrung eines schöpferischen Genies. In seinen von offener Weite und atmosphärischer Klarheit geprägten Bildkompositionen drückt sich die erleuchtete Schau eines spirituellen Meisters aus, der, in seinem Erwachen zur Wirklichkeit des Seins, die allem zugrundeliegende Harmonie und Ganzheit des Universums erfahren hat.

Versunken in die stille Betrachtung bildgewordener *Dimensionen der Wirklichkeit,* öffnet sich uns hier ein neuer Zugang als bisher ungeahnte Möglichkeit zur Verwirklichung unseres Wahren Wesens. Denn was Zen-Meister Kopp in seine Bilder hineingab, strömt aus ihnen hervor und fließt mit unwiderstehlicher Macht in unseren Geist über. In jedem dieser wie Juwelen leuchtenden Bilder offenbart sich so die in uns allen stets anwesende und somit allen unseren Erfahrungen zugrundeliegende Wirklichkeit unseres Göttlichen Seins. Und wer sich auf diese in den Bereich des Sichtbaren getretenen Offenbarungen des Unsichtbaren einläßt, der läßt sich damit zugleich auf jene Wirklichkeit ein, aus der sie hervorgetreten sind.

Deshalb können wir aus vollster Überzeugung sagen, daß dieses Buch *ein spirituelles Buch ganz besonderer Art* ist. Es bietet einen neuen, wunderbaren Zugang für alle, die nach Erleuchtung streben. Es ist ein kostbares Buch der meditativen Stille und geistigen Klarheit, ein Buch für jeden, der über das allgemein Religiöse hinaus zu eigenen mystischen Erfahrungen kommen möchte. Wir sind davon überzeugt, daß dieses Buch für alle ernsthaft geistig Suchenden von großem Wert sein wird. Und so schätzen wir uns glücklich, dieses in seiner Art einzigartige Buch herausgeben zu dürfen.

Möge dieses Buch in die Hände all jener gelangen, die geistig reif sind für die bildgewordenen Offenbarungen eines großen spirituellen Meisters unserer Zeit.

Juli 1995

Die Herausgeber
Tao Chan Zentrum Wiesbaden

Die Malerei eines wahrhaft Erleuchteten ist subtil und geheimnisvoll. Sie gründet in der spirituellen Durchdringung, nicht auf künstlicher Bemühung. Ihre Voraussetzung ist Erleuchtung des Geistes und nicht die Sinneswahrnehmung.

Yu Shih-nan, 7. Jh.

Aquarelle und Aphorismen

von Zen-Meister Wolfgang Kopp

Samsara und Nirvana sind eins

Samsara und *Nirvana* – das Leben mitten in der Welt und die Große Befreiung –, alles ist eins. Alles ist der Eine Geist, neben dem nichts anderes existiert, und jede vielheitliche Wahrnehmung ist Illusion.

Es ist von grundlegender Wichtigkeit, daß du dir wirklich bewußt wirst, daß es keine Vielheit gibt. Dann wirst du erkennen, daß alles das Eine ist, das alles in sich beschlossen hält. Denn wo du gehst und stehst, überall offenbart sich die Herrlichkeit des Göttlichen Seins. Dann verwandelt sich die ganze Welt für dich in ein herrlich strahlendes *Bodhimandala,* in ein wunderbares, multidimensionales Schaubild der grenzenlosen Erleuchtung.

Die grenzenlose Weite des Kosmischen Geistes

Die allumfassende Ganzheit des Einen Geistes umfaßt alles, und nichts befindet sich außerhalb. Wenn du deine eingebildeten Begrenzungen fallen läßt, erwachst du aus dem Traum des *Samsara,* des Kreislaufs von Geburt und Tod, und dein Bewußtsein weitet sich in die *grenzenlose Weite des Kosmischen Geistes.*

In dem Augenblick, wenn du zu deinem Wahren Sein erwachst, strahlt die Dimension der allwissenden Erkenntnis auf, und du erkennst: Ich bin ungeboren und unsterblich – es gibt keine Geburt, und es gibt keinen Tod.

Die Welt der eigenen Projektionen

Der geistig Verblendete erlebt, bedingt durch seine dualistische Betrachtungsweise des Ergreifens und Verwerfens, nichts anderes als eine Welt seiner eigenen Projektionen.

Auf diese Projektionen reagiert er dann mit Aggression. Und so kämpft er ununterbrochen gegen seine eigenen Projektionen, so wie Don Quichotte, «der Ritter von der traurigen Gestalt». Überall sieht er Feinde, die aber nichts anderes als seine eigenen Projektionen sind. Und demzufolge kämpft er nur gegen seine eigenen Wahnideen.

Das strahlende Licht des Herzens

Im Dunkel des Herzens, in unserem Allerinnersten, leuchtet ein strahlendes Licht, das gleich einer ewigen Flamme das ganze Universum erleuchtet.

Dieses, unser *Wahres Wesen,* ist die allen unseren Erfahrungen zugrundeliegende absolute Wirklichkeit. Diese Wirklichkeit ist weder kommend noch gehend, sie ist allgegenwärtig, still und rein und außerhalb von Raum und Zeit. Als die reine Urquelle allen Seins ist sie ungeboren und unzerstörbar.

Die Illusion der Persönlichkeit

Wenn wir das, was wir im allgemeinen als unsere menschliche Persönlichkeit betrachten, einer genauen philosophischen Analyse unterziehen, werden wir feststellen, daß es sich bei dieser «Persönlichkeit» um nichts anderes als um einen *bloßen Prozeß* geistiger und physischer Phänomene handelt, denen in Wirklichkeit nicht mehr Substanz zukommt als einem Traumbild.

Die einzelnen Momente aller Prozesse geistigen und physischen Lebens verändern sich ständig ohne Unterbrechung, und zwar so schnell, daß der Wechsel von uns nicht bemerkt wird. Es existiert somit nichts anderes als eine Kette von Momentexistenzen und -kombinationen.

Die Wirklichkeit des Seins

Wenn du jetzt hier bist und dein ganzes Sein auf diesen einen Augenblick des Hier und Jetzt bringst, dann wirst du erleben, daß alles ein einziges großes erleuchtendes Ganzes ist – allgegenwärtig, vollkommen, still und rein.

Es ist wie ein alles umfassender Spiegel, der die Berge, die Bäume, die Flüsse und die Wolken des Himmels widerspiegelt. Wenn du ganz hier bist, dann wirst du erkennen, daß das ganze Universum sich innerhalb des wunderbaren, erleuchteten Einen Geistes widerspiegelt.

Werde lebendig

Es geht in der Praxis des Tao Chan, dem ursprünglichen Zen, darum, daß du lebendig wirst. Das ist sehr wesentlich. Denn wie kannst du hoffen, daß du im Augenblick deines leiblichen Todes in das ewige Leben eingehst, wenn du *hier* nicht lebst, wenn du *hier* schon tot bist? Wie kannst du dann hoffen, nach deinem Tod zum Großen Leben zu gelangen?

Wenn du leben willst, mittendrin im Großen Leben, so mußt du *jetzt* leben und dich jetzt-hier darauf einlassen.

Das innere Schweigen vor dem Unendlichen

Was tief in unserem Allerinnersten verborgen ist, liegt in Schweigen und Ruhe, und in diesem Schweigen der Tiefe sprudelt die ewige, unerschöpfliche Urquelle allen Seins. Viele Worte verwirren das Gemüt; doch wo die Worte schweigen, beginnt das Unendliche.

Das innere Schweigen vor dem Unendlichen ist die unbedingte Voraussetzung zur Wahrnehmung des Ewigen in uns.

Der Aufgang des inneren Lichtes

In der Loslösung von dir selbst und von allen Dingen wird dir, im Moment des mystischen Todes, der Aufgang des inneren Lichtes zuteil. Es ist der große Augenblick des Erwachens aus dem Traum einer vermeintlich vielheitlichen Welt.

In diesem Durchbruch zu deinem Wahren Sein überschreitest du alle Begrenzungen eines menschlichen Daseins, und du erlebst deinen Aufstieg über die dunklen Nebel der Erscheinungen in das «Klare Licht der Wirklichkeit».

Der Kosmische Geist, der Schöpfer aller Dinge

Der Kosmische Geist ist der allen unseren Erfahrungen zugrundeliegende universale Urgrund. Er ist der kosmische Brennpunkt des Bewußtseins in seiner Gesamtheit. Er ist die unwandelbare Göttliche Wesenheit und der Schöpfer aller Dinge.

Wenn auch aus ihm, durch ihn und in ihm das ganze Weltall sein Bestehen hat, so ist der Kosmische Geist seiner wesenhaften Natur nach doch still, rein und leer. Mögen sich in ihm auch noch so viele Bewegungsabläufe vollziehen, so bleibt er trotz allem stets unbewegt.

Geburt und Tod bedingen einander

Es gibt keinen Tod, wo keine Geburt vorausging, und es gibt keine Geburt ohne nachfolgenden Tod. Wo Geburt ist, da ist auch Tod – wo Tod, da Geburt. Geburt und Tod bedingen sich gegenseitig.

Hieraus läßt sich folgern: Wo «ewiger Tod» herrschte, dort müßte auch «ewige, d.h. ununterbrochene Geburt» sein. Die Vorstellung von einem ewigen Tod erweist sich somit als eine sinnlose und deshalb ganz und gar unhaltbare Vorstellung.

Das strahlende Lotusland

Zen sagt: «Stirb, während du lebst, und sei ganz tot; und dann tu, was immer du willst, und alles ist gut.»

In diesem Vollzug des mystischen Sterbens löst sich die Unterscheidung zwischen Leben und Tod auf. *Nirvana* und *Samsara* offenbaren sich als die Eine Wirklichkeit. Und das *Sukhavati*-Paradies des Amitabha, des Buddhas des grenzenlosen Lichtes, offenbart sich dort, wo du gerade bist. *Jetzt hier* – offenbart sich das strahlende Lotusland.

Die dynamische Natur des Universums

Die dynamische Natur des Universums erstreckt sich vom Atom bis in die großen Dimensionen der Galaxien.

Alles befindet sich in unaufhörlicher Bewegung, die aber letztlich nur im Geist stattfindet. Es liegt in der Natur des Geistes, sich in Myriaden von werdenden und vergehenden Formen zu manifestieren. Diese befinden sich in einem endlosen Prozeß der Veränderung, indem sie sich ständig von der einen zur anderen wandeln.

Der Geist aber ist die Grundlage von allem. In ihm existieren alle Dinge, und außerhalb des Geistes existiert überhaupt nichts.

Alles ist der Eine Geist

Alles ist *eine einzige* Wirklichkeit. Alles, was du wahrnimmst, sind nur Wellen deines eigenen Geistes und demzufolge der Geist selbst. Nichts kommt von außerhalb des Geistes. Im allgemeinen glaubst du, dein Geist nehme Eindrücke und Erfahrungen von außen auf, aber das ist ein gewaltiger Irrtum. Der Wahrnehmende, das Wahrgenommene und der Wahrnehmungsprozeß – alles ist der Eine Geist, so wie das Meer und die Wellen auf der Oberfläche des Meeres ein einziges Meer sind.

Die Wahrheit ist, daß der Geist alles umfaßt. Wenn du meinst, etwas von außen wahrzunehmen, bedeutet dies nur, daß es in deinem Bewußtsein erscheint.

Der Trug der vielheitlichen Welt

Die vom erdgebundenen Durchschnittsbewußtsein erkannte Welt ist nichts anderes als die vom Egowahn begrenzte und als Vielheit fehlinterpretierte Wahrnehmung des unteilbaren Seins. Das Egobewußtsein verhält sich hierbei wie ein Magier, der uns eine Welt erfahren läßt, die in Wirklichkeit nicht vorhanden ist. Geblendet von diesem Trug einer vermeintlichen, vielheitlichen Welt, ist es uns nicht mehr möglich, unser Wahres Selbst als die allen unseren Erfahrungen zugrundeliegende Göttliche Realität zu erkennen.

Die Wirklichkeit hinter den Erscheinungen

Wenn du materiellen Widerstand fühlst, dann ist das noch lange kein Beweis für das Vorhandensein von Materie. Denn diese Wahrnehmung von Widerstand ist nur ein «Bewußtseinseindruck». Dieser Bewußtseinseindruck ist aber nichts weiter als ein «geistiger Impuls» und somit ein rein *geistiges Phänomen* und keine materielle Gegebenheit. Du könntest ja auch jetzt in diesem Moment aufwachen und erkennen, daß dies alles nur ein Traum war.

Alles, was du im Wachbewußtsein erlebst, alles – was es auch sei – kannst du genauso auch im Traum erleben. Alles ist unwirklich. Die Wirklichkeit liegt hinter den Erscheinungen. Und diese gilt es zu erfahren.

Die Wahrheit des Todes

Wer die Wahrheit seines Sterben-Müssens verdrängt, der bleibt in seinem Nicht-Wissen gefangen, so daß er dem Oberflächensog dieser Welt anheimfällt.

Wer so lebt, als gäbe es keinen Tod, dem bleibt das tiefe Geheimnis seines Seins verborgen. Wer nur das Überdauernde sucht und den Tod nur als Widerspruch zu seinem raum-zeitlichen Leben mißversteht, der findet auch keinen Zugang zum *Wahren Leben,* das sich hinter der Wahrheit des Todes verbirgt.

Die Selbstentfaltung des Einen Geistes

Die Allgegenwart des Einen Geistes durchdringt das ganze Universum. Aller Wechsel und Wandel ist fortschreitende Selbstentfaltung und Selbstverwandlung des Einen Geistes, ist die Bewußtwerdung des unaussagbaren Göttlichen Urgrundes.

Die ganze unendliche Vielfalt der äußeren Erscheinungswelt muß letzten Endes die Manifestation dieses einen allumfassenden Geistes sein, und das Universum ist somit seine Offenbarung.

Alles ist nur Traumgebilde

Sieh die Dinge, wie sie sind, und laß dich durch nichts irritieren. Sei kein Gefangener deiner Traumbilder, die du für Wirklichkeit hältst, sondern sei vollkommen klar mitten in der Welt.

In dem Augenblick, wenn du dir mitten im *Samsara,* in diesem alltäglichen Leben, des Göttlichen Seins bewußt bist und erkennst, daß es keine Vielheit gibt, daß alles nur Traumgebilde ist, in dem Augenblick wirst du die Wirklichkeit deines Wahren Seins erleben.

Dann siehst du, daß der *Samsara* kein Leidensmeer ist, sondern nur eine Überdeckung der Wirklichkeit.

Die grenzenlose Freude des Seins

Alles ist das Eine, und das Eine ist alles. Es gibt weder Raum noch Zeit noch Vielheit und somit kein Kommen und kein Gehen, keine Vergangenheit, keine Gegenwart und keine Zukunft.

Es gibt nur eine unendliche, allumfassende, grenzenlose Freude des Seins, das ein Sein solcher Art ist, daß es ein *überseiendes Göttliches Nicht-Sein* ist, jenseits jeglicher Möglichkeit einer begrifflichen Benennung.

Jenseits aller Symbole

Das Hängen an äußeren Formen und frommen Übungen ist eine der größten Gefahren auf dem geistigen Weg. Es sind Fesseln, welche uns an Zeichen und Symbole binden, die eigentlich nur *Wegweiser* sein sollten, um uns den Weg nach innen zu weisen.

Jedes Symbol weist somit über sich selbst hinaus auf das hin, was jenseits aller Benennung und Darstellbarkeit liegt. Über die religiösen Symbole und Zeichen hinauszugehen heißt demzufolge nicht, sie selbst abzulehnen, sondern es heißt, das anzustreben, auf das sie hinweisen.

Die untrennbare Einheit von Leben und Tod

Alles Neuwerden setzt ein Entwerden, alles Aufgehen ein Untergehen voraus. Demzufolge sind Leben und Tod nichts anderes als zwei verschiedene Erscheinungsweisen ein und desselben Vorgangs, so wie Ein- und Ausatmung; so daß jeder Anfang als Ende und jedes Ende als Anfang gelten kann.

Der in der Erleuchtungserfahrung durch die Pforte des Todes und der Wiedergeburt hindurchgegangene Befreite hat die *untrennbare Einheit* beider erfahren.

Eintritt in die grenzenlose Dimension der Ewigkeit

Sei einfach ganz natürlich und absichtslos. In diesem natürlichen, absichtslosen Gewahrsein zeigt sich die wahre Natur deines ungeborenen und todlosen Geistes.

Dann wird sich dein Wahres Sein offenbaren in seiner allumfassenden Ganzheit, das ganze Universum durchstrahlend mit seinem grenzenlosen Licht. Hier trittst du ein in die grenzenlose Dimension der Ewigkeit, hier gibt es kein Davor und kein Danach. Du kommst nirgendwo her und gehst nirgendwo hin.

Die allumfassende Ganzheit des Seins

Der Weg zur Befreiung aus dem Kreislauf von Geburt und Tod ist der Weg der Nicht-Unterscheidung. Denn das Gebundensein an diesen Kreislauf ist Folgeerscheinung der Tendenz des Verstandes, die Dinge zu unterscheiden; zu unterscheiden zwischen richtig und falsch, gut und böse, profan und heilig.

Erst wenn sich die unterscheidenden Gedanken und Gefühle erschöpft haben, entfaltet sich die ursprüngliche *Einheit aller Dinge* vor deinem staunenden Blick. Dann erlebst du die allumfassende Ganzheit des Seins und die Vielheit der Dinge nicht mehr als Zweierlei.

Die nicht-unterscheidende Betrachtungsweise des Zen

Sowie du dir irgendein Bild, eine Vorstellung machst, hast du das Unaussagbare, die absolute, ungeborene Wirklichkeit, objektiviert und die dualistische Betrachtungsweise verstärkt.

Die Dinge sehen, wie sie sind – das ist die richtige Betrachtungsweise des Zen, das ist der Weg zur *vollendeten Klarschau*. Klar erkennen, ohne zu analysieren, und sich nicht verlieren in dies und das und jenes.

Widmung

In liebevollem Gedenken widme ich dieses Buch meinem 1977 verstorbenen Meister Soji Enku Roshi.

Gleichzeitig lege ich dieses Buch voller Dankbarkeit in die Hände meines alten Lehrers Adam Wallauer. Als großer Künstler und philosophischer Denker vermittelte er mir in meinen jungen Jahren mehr, als Worte des Dankes es hier auszudrücken vermögen.

Wolfgang Kopp

Ein Buch von kompromißloser Geradlinigkeit und spiritueller Strahlkraft

Wolfgang Kopp
BEFREIT EUCH VON ALLEM
Ein radikaler Wegführer im Geiste des Zen und der christlichen Mystik
216 Seiten, Ganzleinen
ISBN 3-7157-0144-7

Ein großer spiritueller Lehrer unserer Zeit zeigt in diesem außergewöhnlichen Buch einen konsequenten, aber sicheren Weg zur Selbstfindung. Dieses Buch bedeutet für viele ernsthaft geistig Suchenden die Erfüllung eines lang gehegten Wunsches.

Der Titel «Befreit Euch von allem» entstammt einem Ausspruch des chinesischen Zen-Meisters Huang-po (9. Jh.). Dieser Ausspruch wie auch das «Stirb und Werde» der christlichen Mystik bilden den Kerngedanken dieses Buches. Es wendet sich an all jene ernsthaft geistig Suchenden, die das aufrichtige Verlangen nach konsequenter, aber sicherer spiritueller Führung haben. Wer es zur Hand nimmt, wird bald spüren, daß es nicht bloß gelesen, sondern gründlich durchdacht und gelebt sein will. Und wer sich ganz auf dieses Buch einläßt, wird am Ende ein anderer sein, als er zu Beginn der Lektüre war.

Das Buch möchte helfen, die innere Quelle zu finden. Sein Anliegen ist, den Wahrheitssuchenden zu jenem außergewöhnlichen Schauungserlebnis hinzuführen, wo Buchwissen durch Erfahrung, Gelehrsamkeit durch die Weisheit des Herzens und Glauben durch die Erleuchtung des eigenen Geistes ersetzt wird.

Aus der Fülle seiner Erfahrung als praktizierender Meditationsmeister schöpfend, versteht es der Autor in einzigartiger Weise, den Leser Schritt für Schritt auf dem geistigen Weg zu führen, wobei er anhand zahlreicher Beispiele die großen Meister des Zen und der christlichen Mystik selbst zu Wort kommen läßt.

Trotz der vielen spirituellen Bücher der letzten Jahre fehlte bisher eines, das die notwendige Konsequenz des geistigen Weges mit solch einer kompromißlosen Geradlinigkeit und spirituellen Strahlkraft aufzuzeigen vermag wie das vorliegende!

Ein einzigartiges Buch
von großer praktischer Weisheit

Wolfgang Kopp
ZEN
Jenseits aller Worte
Unterweisungen eines westlichen Zen-Meisters
Ganzleinen mit Schutzumschlag, 130 Seiten
ISBN 3-7157-0166-8

Dieses außergewöhnliche Buch entstand durch die Aufzeichnung einer Reihe von Vorträgen eines großen westlichen Zen-Meisters unserer Zeit. Seine aufrüttelnden Worte sind an all jene gerichtet, die ernsthaft an geistiger Verwirklichung interessiert sind.

Wie die alten chinesischen Chan-Meister lehrt Wolfgang Kopp ein sehr direktes, kraftvolles Zen. Er vermittelt weder ein theoretisches System noch einen einseitigen Sitzdogmatismus.

Wolfgang Kopp geht es einzig und allein um unsere Befreiung von alten Verhaltensmustern und Denkmodellen und letztlich um die Erleuchtung des Geistes. Mit allen Mitteln bemüht er sich um unsere Erweckung aus dem Schlummer der Gewohnheit. Denn Gewohnheit, welcher Art auch immer, hindert uns am unmittelbaren Erleben der Wirklichkeit. Auf jeder Seite des Buches zeigt uns der Meister den Spiegel unseres Wahren Seins, und wir erkennen darin unsere stets gegenwärtige Buddhanatur, unser ursprüngliches Erleuchtetsein.

Kopps humorvolle und zugleich kraftvolle, direkte Art der Vermittlung verleiht seinen Vorträgen eine ungeheure Lebendigkeit. In jedem Satz spürt man die Verwirklichung eines Erwachten. Seine energiegeladenen Worte sind erfüllt von solch einer geistigen Kraft, daß sie uns treffen können wie ein Blitz. Dabei weist er darauf hin, daß die Wahrheit nicht durch Worte ausgesagt werden kann – daß sie «jenseits aller Worte» ist. Worte sind jedoch Wegweiser, ebenso wie der Finger, der zum Mond weist.

Ein Buch von unschätzbarem Wert für all jene, die es ernst meinen mit dem Weg zur Befreiung. Wer sich wahrhaft um Erleuchtung des Geistes bemüht, der kann kaum ein besseres Buch finden.

Der direkte Weg zur Befreiung –
mitten im Alltag

Wolfgang Kopp
TAO CHAN
Der aktive Zen-Weg
Unterweisungen eines westlichen Zen-Meisters
Ganzleinen mit Schutzumschlag, 148 Seiten
ISBN 3-7157-0182-X

Dieses Buch enthält eine Reihe von Vorträgen, die Zen-Meister Wolfgang Kopp im Wiesbadener Tao Chan Zentrum gehalten hat. Aus dem reichen Schatz seiner Erfahrung schöpfend, zeigt uns Meister Kopp den Weg zur Selbstfindung. Was er lehrt, ist keine weltabgewandte Spiritualität, sondern die Verwirklichung der Erleuchtung mitten in einem bewegten Leben. Es ist eine ursprüngliche, lebendige Form des Zen, und die Art der Vermittlung entspricht in ihrer kraftvollen, direkten Weise jener der alten chinesischen Chan-Meister.

Tao Chan, «der aktive Zen-Weg», ist keine Flucht aus der Welt. Ganz im Gegenteil, es ist der kürzeste und geradlinigste Weg zur Selbstverwirklichung mitten in der Welt. Meister Kopp lehrt, daß die Erlösung nicht erst in einem Jenseits stattfindet, sondern *hier und jetzt,* mitten in unseren täglichen Pflichten, verwirklicht werden kann. Immer wieder weist er darauf hin, daß Meditation und Leben im Alltag sich nicht gegenseitig ausschließen, sondern eine untrennbare Einheit sind.

Wolfgang Kopps humorvolle und zugleich kraftvolle Art der Vermittlung verleiht seinen Vorträgen eine ungeheure Lebendigkeit. Seine energiegeladenen Worte sind erfüllt von solch einer geistigen Kraft, daß sie uns tief in unserem Innersten zu treffen vermögen. In jedem Satz spürt man die Verwirklichung eines großen Erleuchteten. Das Buch lehrt uns, als ob wir unter der persönlichen Anleitung eines spirituellen Meisters stünden.

Ein außergewöhnliches Buch von unmittelbarer Direktheit und großem praktischen Wert für alle geistig Suchenden.

Das Tao-Te-King des Lao Tse ist erstmals durch einen zeitgenössischen Mystiker klar und verständlich übertragen worden und vermag auch den mystischen Gehalt des Werkes zu erfassen.

LAO TSE
TAO-TE-KING
Das heilige Buch vom Tao und der wahren Tugend

Neu übertragen und mit einer Einführung versehen von
Wolfgang Kopp

Ganzleinen mit Schutzumschlag, 108 Seiten
ISBN 3-7157-0114-5

Lao Tse lebte im 6. Jh. v. Chr. in China. Sein Bestreben war, sich im Verborgenen zu halten und namenlos zu bleiben. Erst auf die Bitte eines Grenzwächters hin brach er sein Schweigen und verfaßte ein Buch mit 5000 Schriftzeichen: das Tao-Te-King. Dann zog er, auf einem Wasserbüffel reitend, von dannen. Niemand weiß, wo er geendet…

Das Tao-Te-King des Lao Tse ist ein Juwel östlicher Weisheit und zugleich eines der bedeutendsten und meistübersetzten Bücher der Weltliteratur. Man kann sich heute keinen an östlicher Religion und Philosophie Interessierten vorstellen, dem dieses Buch unbekannt wäre.

Trotz der vorhandenen großen Auswahl von Übersetzungen fehlte bislang eine Ausgabe wie die vorliegende, die bei strenger Wahrung des Sinngehalts die mystische Aussagekraft des Werkes zum Ausdruck bringt.

Die Übertragung von Wolfgang Kopp stellt eine erstaunliche Leistung dar. Keinem anderen als einem erleuchteten Mystiker unserer Tage konnte es gelingen, sich in den erleuchteten Geist des Lao Tse hineinzuversetzen, um, aus derselben Quelle wie der Meister vor 2500 Jahren schöpfend, die Wahrheit des Lao Tse neu zu offenbaren.

Ein Buch von einzigartiger Kraft und Schönheit der Sprache!